你的第一個金錢整理年

....

給固定收入者：

你的月薪是多少？＿＿＿＿＿＿

你打算在 C 帳戶裡，每個月存多少錢？＿＿＿＿＿

＿＿＿＿＿（薪水）—＿＿＿＿＿（C 帳戶）＝

A ＋ B 帳戶的總和

....

給不固定收入者：

你的年收入大概為：＿＿＿＿＿，

月收入平均為＿＿＿＿＿

你打算在 C 帳戶裡，每年存多少錢？＿＿＿＿＿

＿＿＿＿＿（年收入）—＿＿＿＿＿（C 帳戶）＝

A ＋ B 帳戶的總和

關於 C 帳戶

我會使用＿＿＿＿＿＿＿＿＿銀行的帳戶

戶名：

帳號：

我預計存下：

＿＿＿＿＿＿＿＿＿＿＿＿＿＿元 / 月

＿＿＿＿＿＿＿＿＿＿＿＿＿＿元 / 年

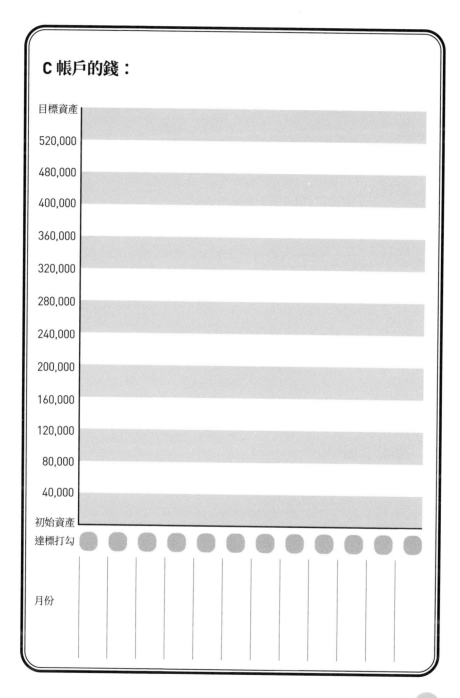

C 帳戶的錢：

目標資產
520,000
480,000
400,000
360,000
320,000
280,000
240,000
200,000
160,000
120,000
80,000
40,000
初始資產
達標打勾
月份

B 帳戶的花錢時間點

改用項目來看，全年度的項目分別為：

稅款	＿＿＿＿＿元		＿＿＿＿＿元
進修	＿＿＿＿＿元		＿＿＿＿＿元
保險	＿＿＿＿＿元		＿＿＿＿＿元
旅遊	＿＿＿＿＿元		＿＿＿＿＿元
	＿＿＿＿＿元		＿＿＿＿＿元
	＿＿＿＿＿元		＿＿＿＿＿元
	＿＿＿＿＿元		＿＿＿＿＿元
	＿＿＿＿＿元		＿＿＿＿＿元
	＿＿＿＿＿元		＿＿＿＿＿元

本年共需＿＿＿＿＿元

關於 B 帳戶

我會使用＿＿＿＿＿＿＿銀行的帳戶

戶名：

帳號：

一年份的 B 帳戶費用準備好了嗎？

若沒有，每個月需額外存入＿＿＿＿＿元

B 帳戶的花錢時間點

你的年度計畫：寫下你今年預計在 B 計畫中執行的事項，以及時間點和費用

年計畫＿＿＿＿年＿＿＿＿＿月～＿＿＿＿＿年＿＿＿＿＿月

1 月	7 月
2 月	8 月
3 月	9 月
4 月	10 月
5 月	11 月
6 月	12 月

關於 A 帳戶

我會使用＿＿＿菁羚＿＿＿銀行的帳戶

戶名：顏菁羚

帳號：16888888

關於 A 帳戶月計畫

月計畫 2022 年 4 月

在月初時，就將你的日常消費預估值寫下來。

伙食費	9000	元
交通費	2000	元
治裝費	1000	元
房貸（房租）	10000	元
水電瓦斯	1000	元
通訊費	1000	元
雜支（日用品）	3000	元
聚餐娛樂	3000	元
		元

本月共需 30000 元

關於 A、B 帳戶的檢討

寫下你可能會不小心花過頭的時間點和原因,並且寫下解決方法,每個月底檢查。

第 1 週

針對聚餐娛樂易暴衝
項目作倒扣控管
本月的 3000 元 - 本週的 1000 元 = 2000 元
本月聚餐娛樂剩 2000 元可花

是否有達成

第 2 週

是否有達成

第 3 週

是否有達成

第 4 週

是否有達成

本月 B 帳戶是否超支?超支多少?請在下個月補回_____

關於 A 帳戶月計畫

月計畫 _____年_____月

在月初時，就將你的日常消費預估值寫下來。

伙食費	_____	元
交通費	_____	元
治裝費	_____	元
房貸（房租）	_____	元
水電瓦斯	_____	元
通訊費	_____	元
雜支（日用品）	_____	元
	_____	元
	_____	元
	_____	元
	_____	元
	_____	元
	_____	元
	_____	元

本月共需_____元

關於 A、B 帳戶的檢討

寫下你可能會不小心花過頭的時間點和原因，並且寫下解決方法，每個月底檢查。

第 1 週

是否有達成

第 2 週

是否有達成

第 3 週

是否有達成

第 4 週

是否有達成

本月 B 帳戶是否超支？超支多少？請在下個月補回＿＿＿＿＿

關於 A 帳戶月計畫

月計畫 ＿＿＿＿＿年＿＿＿＿月

在月初時，就將你的日常消費預估值寫下來。

伙食費	＿＿＿＿＿＿＿＿＿＿＿元
交通費	＿＿＿＿＿＿＿＿＿＿＿元
治裝費	＿＿＿＿＿＿＿＿＿＿＿元
房貸（房租）	＿＿＿＿＿＿＿＿＿＿＿元
水電瓦斯	＿＿＿＿＿＿＿＿＿＿＿元
通訊費	＿＿＿＿＿＿＿＿＿＿＿元
雜支（日用品）	＿＿＿＿＿＿＿＿＿＿＿元
	＿＿＿＿＿＿＿＿＿＿＿元
	＿＿＿＿＿＿＿＿＿＿＿元
	＿＿＿＿＿＿＿＿＿＿＿元
	＿＿＿＿＿＿＿＿＿＿＿元
	＿＿＿＿＿＿＿＿＿＿＿元
	＿＿＿＿＿＿＿＿＿＿＿元
	＿＿＿＿＿＿＿＿＿＿＿元

本月共需＿＿＿＿＿＿＿＿元

關於 A、B 帳戶的檢討

寫下你可能會不小心花過頭的時間點和原因，並且寫下解決方法，每個月底檢查。

第 1 週

是否有達成

第 2 週

是否有達成

第 3 週

是否有達成

第 4 週

是否有達成

本月 B 帳戶是否超支？超支多少？請在下個月補回_____

關於 A 帳戶月計畫

月計畫 _____年_____月

在月初時，就將你的日常消費預估值寫下來。

伙食費	_____	元
交通費	_____	元
治裝費	_____	元
房貸（房租）	_____	元
水電瓦斯	_____	元
通訊費	_____	元
雜支（日用品）	_____	元
	_____	元
	_____	元
	_____	元
	_____	元
	_____	元
	_____	元
	_____	元

本月共需_____ 元

關於 A、B 帳戶的檢討

寫下你可能會不小心花過頭的時間點和原因，並且寫下解決方法，每個月底檢查。

第 1 週

是否有達成

第 2 週

是否有達成

第 3 週

是否有達成

第 4 週

是否有達成

本月 B 帳戶是否超支？超支多少？請在下個月補回_____

關於 A 帳戶月計畫

月計畫 _____年_____月

在月初時，就將你的日常消費預估值寫下來。

伙食費 _____元

交通費 _____元

治裝費 _____元

房貸（房租） _____元

水電瓦斯 _____元

通訊費 _____元

雜支（日用品） _____元

_____元

_____元

_____元

_____元

_____元

_____元

_____元

本月共需_____元

關於 A、B 帳戶的檢討

寫下你可能會不小心花過頭的時間點和原因，並且寫下解決方法，每個月底檢查。

第 1 週

是否有達成

第 2 週

是否有達成

第 3 週

是否有達成

第 4 週

是否有達成

本月 B 帳戶是否超支？超支多少？請在下個月補回_____

關於 A 帳戶月計畫

月計畫 ＿＿＿＿年＿＿＿＿月

在月初時，就將你的日常消費預估值寫下來。

伙食費	＿＿＿＿＿＿＿＿＿＿元
交通費	＿＿＿＿＿＿＿＿＿＿元
治裝費	＿＿＿＿＿＿＿＿＿＿元
房貸（房租）	＿＿＿＿＿＿＿＿＿＿元
水電瓦斯	＿＿＿＿＿＿＿＿＿＿元
通訊費	＿＿＿＿＿＿＿＿＿＿元
雜支（日用品）	＿＿＿＿＿＿＿＿＿＿元
	＿＿＿＿＿＿＿＿＿＿元
	＿＿＿＿＿＿＿＿＿＿元
	＿＿＿＿＿＿＿＿＿＿元
	＿＿＿＿＿＿＿＿＿＿元
	＿＿＿＿＿＿＿＿＿＿元
	＿＿＿＿＿＿＿＿＿＿元
	＿＿＿＿＿＿＿＿＿＿元

本月共需＿＿＿＿＿＿＿＿元

關於 A、B 帳戶的檢討

寫下你可能會不小心花過頭的時間點和原因，並且寫下解決方法，每個月底檢查。

第 1 週

是否有達成

第 2 週

是否有達成

第 3 週

是否有達成

第 4 週

是否有達成

本月 B 帳戶是否超支？超支多少？請在下個月補回＿＿＿＿＿

關於 A 帳戶月計畫

月計畫 ＿＿＿＿年＿＿＿＿月

在月初時，就將你的日常消費預估值寫下來。

伙食費 ＿＿＿＿＿＿＿＿＿＿＿元

交通費 ＿＿＿＿＿＿＿＿＿＿＿元

治裝費 ＿＿＿＿＿＿＿＿＿＿＿元

房貸（房租） ＿＿＿＿＿＿＿＿＿＿＿元

水電瓦斯 ＿＿＿＿＿＿＿＿＿＿＿元

通訊費 ＿＿＿＿＿＿＿＿＿＿＿元

雜支（日用品） ＿＿＿＿＿＿＿＿＿＿＿元

＿＿＿＿＿＿＿＿＿＿＿元

＿＿＿＿＿＿＿＿＿＿＿元

＿＿＿＿＿＿＿＿＿＿＿元

＿＿＿＿＿＿＿＿＿＿＿元

＿＿＿＿＿＿＿＿＿＿＿元

＿＿＿＿＿＿＿＿＿＿＿元

＿＿＿＿＿＿＿＿＿＿＿元

本月共需＿＿＿＿＿＿＿＿＿＿＿元

關於 A、B 帳戶的檢討

寫下你可能會不小心花過頭的時間點和原因，並且寫下解決方法，每個月底檢查。

第 1 週

是否有達成

第 2 週

是否有達成

第 3 週

是否有達成

第 4 週

是否有達成

本月 B 帳戶是否超支？超支多少？請在下個月補回_____

關於 A 帳戶月計畫

月計畫 _____年_____月

在月初時，就將你的日常消費預估值寫下來。

伙食費　　　　　　　　_____元

交通費　　　　　　　　_____元

治裝費　　　　　　　　_____元

房貸（房租）　　　　　_____元

水電瓦斯　　　　　　　_____元

通訊費　　　　　　　　_____元

雜支（日用品）　　　　_____元

　　　　　　　　　　　_____元

　　　　　　　　　　　_____元

　　　　　　　　　　　_____元

　　　　　　　　　　　_____元

　　　　　　　　　　　_____元

　　　　　　　　　　　_____元

　　　　　　　　　　　_____元

　　　　　　　本月共需_____元

關於 A、B 帳戶的檢討

寫下你可能會不小心花過頭的時間點和原因，並且寫下解決方法，每個月底檢查。

第 1 週

是否有達成

第 2 週

是否有達成

第 3 週

是否有達成

第 4 週

是否有達成

本月 B 帳戶是否超支？超支多少？請在下個月補回_____

關於 A 帳戶月計畫

月計畫 ＿＿＿＿年＿＿＿＿月

在月初時，就將你的日常消費預估值寫下來。

伙食費 ＿＿＿＿＿＿＿＿＿＿元

交通費 ＿＿＿＿＿＿＿＿＿＿元

治裝費 ＿＿＿＿＿＿＿＿＿＿元

房貸（房租） ＿＿＿＿＿＿＿＿＿＿元

水電瓦斯 ＿＿＿＿＿＿＿＿＿＿元

通訊費 ＿＿＿＿＿＿＿＿＿＿元

雜支（日用品） ＿＿＿＿＿＿＿＿＿＿元

＿＿＿＿＿＿＿＿＿＿元

＿＿＿＿＿＿＿＿＿＿元

＿＿＿＿＿＿＿＿＿＿元

＿＿＿＿＿＿＿＿＿＿元

＿＿＿＿＿＿＿＿＿＿元

＿＿＿＿＿＿＿＿＿＿元

＿＿＿＿＿＿＿＿＿＿元

本月共需＿＿＿＿＿＿＿＿元

關於 A、B 帳戶的檢討

寫下你可能會不小心花過頭的時間點和原因，並且寫下解決方法，每個月底檢查。

第 1 週	
	是否有達成

第 2 週	
	是否有達成

第 3 週	
	是否有達成

第 4 週	
	是否有達成

本月 B 帳戶是否超支？超支多少？請在下個月補回_____

關於 A 帳戶月計畫

月計畫 ＿＿＿＿年＿＿＿＿月

在月初時，就將你的日常消費預估值寫下來。

伙食費	＿＿＿＿＿＿＿＿＿＿元
交通費	＿＿＿＿＿＿＿＿＿＿元
治裝費	＿＿＿＿＿＿＿＿＿＿元
房貸（房租）	＿＿＿＿＿＿＿＿＿＿元
水電瓦斯	＿＿＿＿＿＿＿＿＿＿元
通訊費	＿＿＿＿＿＿＿＿＿＿元
雜支（日用品）	＿＿＿＿＿＿＿＿＿＿元
	＿＿＿＿＿＿＿＿＿＿元
	＿＿＿＿＿＿＿＿＿＿元
	＿＿＿＿＿＿＿＿＿＿元
	＿＿＿＿＿＿＿＿＿＿元
	＿＿＿＿＿＿＿＿＿＿元
	＿＿＿＿＿＿＿＿＿＿元
	＿＿＿＿＿＿＿＿＿＿元
	＿＿＿＿＿＿＿＿＿＿元

本月共需＿＿＿＿＿＿＿＿＿＿元

關於 A、B 帳戶的檢討

寫下你可能會不小心花過頭的時間點和原因,並且寫下解決方法,每個月底檢查。

第 1 週

是否有達成

第 2 週

是否有達成

第 3 週

是否有達成

第 4 週

是否有達成

本月 B 帳戶是否超支?超支多少?請在下個月補回_____

關於 A 帳戶月計畫

月計畫 _____年_____月

在月初時，就將你的日常消費預估值寫下來。

伙食費	_____	元
交通費	_____	元
治裝費	_____	元
房貸（房租）	_____	元
水電瓦斯	_____	元
通訊費	_____	元
雜支（日用品）	_____	元
	_____	元
	_____	元
	_____	元
	_____	元
	_____	元
	_____	元
	_____	元

本月共需_____ 元

關於 A、B 帳戶的檢討

寫下你可能會不小心花過頭的時間點和原因，並且寫下解決方法，每個月底檢查。

第 1 週

是否有達成

第 2 週

是否有達成

第 3 週

是否有達成

第 4 週

是否有達成

本月 B 帳戶是否超支？超支多少？請在下個月補回＿＿＿＿

關於 A 帳戶月計畫

月計畫 ＿＿＿＿年＿＿＿＿月

在月初時，就將你的日常消費預估值寫下來。

伙食費 ＿＿＿＿＿＿＿＿＿＿＿＿元

交通費 ＿＿＿＿＿＿＿＿＿＿＿＿元

治裝費 ＿＿＿＿＿＿＿＿＿＿＿＿元

房貸（房租） ＿＿＿＿＿＿＿＿＿＿＿＿元

水電瓦斯 ＿＿＿＿＿＿＿＿＿＿＿＿元

通訊費 ＿＿＿＿＿＿＿＿＿＿＿＿元

雜支（日用品） ＿＿＿＿＿＿＿＿＿＿＿＿元

＿＿＿＿＿＿＿＿＿＿＿＿元

＿＿＿＿＿＿＿＿＿＿＿＿元

＿＿＿＿＿＿＿＿＿＿＿＿元

＿＿＿＿＿＿＿＿＿＿＿＿元

＿＿＿＿＿＿＿＿＿＿＿＿元

＿＿＿＿＿＿＿＿＿＿＿＿元

＿＿＿＿＿＿＿＿＿＿＿＿元

本月共需＿＿＿＿＿＿＿＿元

關於 A、B 帳戶的檢討

寫下你可能會不小心花過頭的時間點和原因，並且寫下解決方法，每個月底檢查。

第 1 週

是否有達成

第 2 週

是否有達成

第 3 週

是否有達成

第 4 週

是否有達成

本月 B 帳戶是否超支？超支多少？請在下個月補回＿＿＿＿＿

突擊！帳戶檢查日！！

本次檢查日：＿＿＿年＿＿＿月＿＿＿日

A 帳戶的錢，每個月都足夠嗎？

● 是→很好

● 否→請重新審視，你是否預留太少資金？

　　請重新回去看 A 帳戶的計畫

改善計畫：＿＿＿＿＿＿＿＿＿＿＿＿＿＿＿＿＿＿＿

B 帳戶的錢，是否有超過目標的花費？

● 是→很好

● 否→請自我檢查，是否該對那些花費做取捨？

　　請重新回去看 B 帳戶的計畫

改善計畫：＿＿＿＿＿＿＿＿＿＿＿＿＿＿＿＿＿＿＿

C 帳戶的錢，是否都有確實投入？

● 是→很好

● 否→是否因為 A 跟 B 帳戶不夠而動用到 C 帳戶呢？

改善計畫：＿＿＿＿＿＿＿＿＿＿＿＿＿＿＿＿＿＿＿

你的第二個金錢整理年

給固定收入者：

你的月薪是多少？＿＿＿＿＿

你打算在 C 帳戶裡，每個月存多少錢？＿＿＿＿＿

＿＿＿＿＿（薪水）—＿＿＿＿＿（C 帳戶）＝
A＋B 帳戶的總和

給不固定收入者：

你的年收入大概為：＿＿＿＿＿，

月收入平均為＿＿＿＿＿

你打算在 C 帳戶裡，每年存多少錢？＿＿＿＿＿

＿＿＿＿＿（年收入）—＿＿＿＿＿（C 帳戶）＝
A＋B 帳戶的總和

關於 C 帳戶

我會使用＿＿＿＿＿＿＿銀行的帳戶

戶名：

帳號：

我預計存下：

＿＿＿＿＿＿＿＿＿＿＿元／月

＿＿＿＿＿＿＿＿＿＿＿元／年

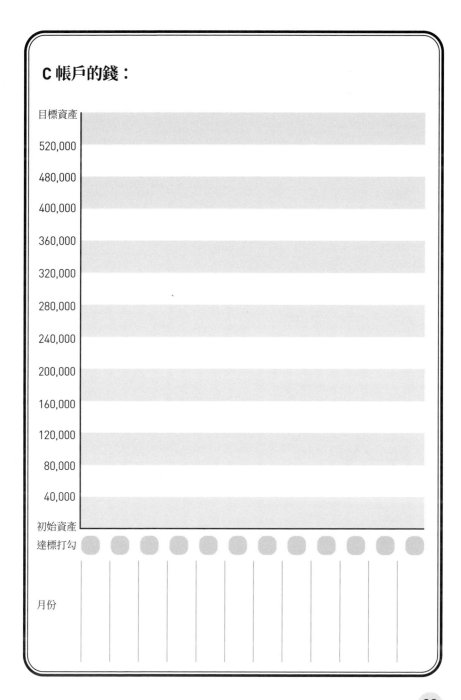

C 帳戶的錢：

目標資產
520,000
480,000
400,000
360,000
320,000
280,000
240,000
200,000
160,000
120,000
80,000
40,000
初始資產
達標打勾

月份

B 帳戶的花錢時間點

改用項目來看，全年度的項目分別為：

稅款	_____元	_____元	
進修	_____元	_____元	
保險	_____元	_____元	
旅遊	_____元	_____元	
	_____元	_____元	
	_____元	_____元	
	_____元	_____元	
	_____元	_____元	
	_____元	_____元	

本年共需_____元

關於 B 帳戶

我會使用_____銀行的帳戶

戶名：

帳號：

一年份的 B 帳戶費用準備好了嗎？

若沒有，每個月需額外存入_____元

B 帳戶的花錢時間點

你的年度計畫：寫下你今年預計在 B 計畫中執行的事項，以及時間點和費用

年計畫_____年_____月～_____年_____月

1 月	7 月
2 月	8 月
3 月	9 月
4 月	10 月
5 月	11 月
6 月	12 月

關於 A 帳戶

我會使用＿＿＿＿菁羚＿＿＿＿銀行的帳戶

戶名：顏菁羚

帳號：16888888

關於 A 帳戶月計畫

月計畫 2022 年 ＿4＿ 月

在月初時，就將你的日常消費預估值寫下來。

伙食費	9000	元
交通費	2000	元
治裝費	1000	元
房貸（房租）	10000	元
水電瓦斯	1000	元
通訊費	1000	元
雜支（日用品）	3000	元
聚餐娛樂	3000	元
		元

本月共需＿＿＿30000＿＿＿元

關於 A、B 帳戶的檢討

寫下你可能會不小心花過頭的時間點和原因，並且寫下解決方法，每個月底檢查。

第 1 週　針對聚餐娛樂易暴衝
項目作倒扣控管
3000-1000=2000
聚餐娛樂剩 2000 可花

是否有達成

第 2 週

是否有達成

第 3 週

是否有達成

第 4 週

是否有達成

本月 B 帳戶是否超支？超支多少？請在下個月補回_____

關於 A 帳戶月計畫

月計畫 _____ 年 _____ 月

在月初時，就將你的日常消費預估值寫下來。

伙食費	_____ 元
交通費	_____ 元
治裝費	_____ 元
房貸（房租）	_____ 元
水電瓦斯	_____ 元
通訊費	_____ 元
雜支（日用品）	_____ 元
	_____ 元
	_____ 元
	_____ 元
	_____ 元
	_____ 元
	_____ 元
	_____ 元

本月共需 _____ 元

關於 A、B 帳戶的檢討

寫下你可能會不小心花過頭的時間點和原因，並且寫下解決方法，每個月底檢查。

第 1 週

是否有達成

第 2 週

是否有達成

第 3 週

是否有達成

第 4 週

是否有達成

本月 B 帳戶是否超支？超支多少？請在下個月補回＿＿＿＿

關於 A 帳戶月計畫

月計畫 _____ 年 _____ 月

在月初時，就將你的日常消費預估值寫下來。

伙食費　　　　　　　_____元

交通費　　　　　　　_____元

治裝費　　　　　　　_____元

房貸（房租）　　　　_____元

水電瓦斯　　　　　　_____元

通訊費　　　　　　　_____元

雜支（日用品）　　　_____元

　　　　　　　　　　_____元

　　　　　　　　　　_____元

　　　　　　　　　　_____元

　　　　　　　　　　_____元

　　　　　　　　　　_____元

　　　　　　　　　　_____元

　　　　　　　　　　_____元

本月共需_____元

關於 A、B 帳戶的檢討

寫下你可能會不小心花過頭的時間點和原因，並且寫下解決方法，每個月底檢查。

第 1 週

是否有達成

第 2 週

是否有達成

第 3 週

是否有達成

第 4 週

是否有達成

本月 B 帳戶是否超支？超支多少？請在下個月補回＿＿＿＿

關於 A 帳戶月計畫

月計畫 ＿＿＿＿年＿＿＿＿月

在月初時，就將你的日常消費預估值寫下來。

伙食費　　　　　　＿＿＿＿＿＿＿＿＿＿元

交通費　　　　　　＿＿＿＿＿＿＿＿＿＿元

治裝費　　　　　　＿＿＿＿＿＿＿＿＿＿元

房貸（房租）　　　＿＿＿＿＿＿＿＿＿＿元

水電瓦斯　　　　　＿＿＿＿＿＿＿＿＿＿元

通訊費　　　　　　＿＿＿＿＿＿＿＿＿＿元

雜支（日用品）　　＿＿＿＿＿＿＿＿＿＿元

　　　　　　　　　＿＿＿＿＿＿＿＿＿＿元

　　　　　　　　　＿＿＿＿＿＿＿＿＿＿元

　　　　　　　　　＿＿＿＿＿＿＿＿＿＿元

　　　　　　　　　＿＿＿＿＿＿＿＿＿＿元

　　　　　　　　　＿＿＿＿＿＿＿＿＿＿元

　　　　　　　　　＿＿＿＿＿＿＿＿＿＿元

本月共需＿＿＿＿＿＿＿＿＿＿元

關於 A、B 帳戶的檢討

寫下你可能會不小心花過頭的時間點和原因，並且寫下解決方法，每個月底檢查。

第 1 週

是否有達成

第 2 週

是否有達成

第 3 週

是否有達成

第 4 週

是否有達成

本月 B 帳戶是否超支？超支多少？請在下個月補回＿＿＿＿

關於 A 帳戶月計畫

月計畫 _____年_____月

在月初時，就將你的日常消費預估值寫下來。

伙食費 _____元

交通費 _____元

治裝費 _____元

房貸（房租） _____元

水電瓦斯 _____元

通訊費 _____元

雜支（日用品） _____元

_____元

_____元

_____元

_____元

_____元

_____元

_____元

本月共需_____元

關於 A、B 帳戶的檢討

寫下你可能會不小心花過頭的時間點和原因，並且寫下解決方法，每個月底檢查。

第 1 週

是否有達成

第 2 週

是否有達成

第 3 週

是否有達成

第 4 週

是否有達成

本月 B 帳戶是否超支？超支多少？請在下個月補回_____

關於 A 帳戶月計畫

月計畫 ＿＿＿＿年＿＿＿＿月

在月初時，就將你的日常消費預估值寫下來。

伙食費 ＿＿＿＿＿＿＿＿＿＿＿元
交通費 ＿＿＿＿＿＿＿＿＿＿＿元
治裝費 ＿＿＿＿＿＿＿＿＿＿＿元
房貸（房租） ＿＿＿＿＿＿＿＿＿＿＿元
水電瓦斯 ＿＿＿＿＿＿＿＿＿＿＿元
通訊費 ＿＿＿＿＿＿＿＿＿＿＿元
雜支（日用品） ＿＿＿＿＿＿＿＿＿＿＿元
＿＿＿＿＿＿＿＿＿＿＿元
＿＿＿＿＿＿＿＿＿＿＿元
＿＿＿＿＿＿＿＿＿＿＿元
＿＿＿＿＿＿＿＿＿＿＿元
＿＿＿＿＿＿＿＿＿＿＿元
＿＿＿＿＿＿＿＿＿＿＿元
＿＿＿＿＿＿＿＿＿＿＿元

本月共需＿＿＿＿＿＿＿＿＿元

關於 A、B 帳戶的檢討

寫下你可能會不小心花過頭的時間點和原因，並且寫下解決方法，每個月底檢查。

第 1 週

是否有達成

第 2 週

是否有達成

第 3 週

是否有達成

第 4 週

是否有達成

本月 B 帳戶是否超支？超支多少？請在下個月補回_____

關於 A 帳戶月計畫

月計畫 _____年_____月

在月初時，就將你的日常消費預估值寫下來。

伙食費 ＿＿＿＿＿＿＿＿＿＿元

交通費 ＿＿＿＿＿＿＿＿＿＿元

治裝費 ＿＿＿＿＿＿＿＿＿＿元

房貸（房租） ＿＿＿＿＿＿＿＿＿＿元

水電瓦斯 ＿＿＿＿＿＿＿＿＿＿元

通訊費 ＿＿＿＿＿＿＿＿＿＿元

雜支（日用品） ＿＿＿＿＿＿＿＿＿＿元

＿＿＿＿＿＿＿＿＿＿元

＿＿＿＿＿＿＿＿＿＿元

＿＿＿＿＿＿＿＿＿＿元

＿＿＿＿＿＿＿＿＿＿元

＿＿＿＿＿＿＿＿＿＿元

＿＿＿＿＿＿＿＿＿＿元

＿＿＿＿＿＿＿＿＿＿元

本月共需＿＿＿＿＿＿＿＿元

關於 A、B 帳戶的檢討

寫下你可能會不小心花過頭的時間點和原因，並且寫下解決方法，每個月底檢查。

第 1 週

是否有達成

第 2 週

是否有達成

第 3 週

是否有達成

第 4 週

是否有達成

本月 B 帳戶是否超支？超支多少？請在下個月補回＿＿＿＿＿

關於 A 帳戶月計畫

月計畫 ＿＿＿＿年＿＿＿＿月

在月初時，就將你的日常消費預估值寫下來。

伙食費 ＿＿＿＿＿＿＿＿＿＿＿元

交通費 ＿＿＿＿＿＿＿＿＿＿＿元

治裝費 ＿＿＿＿＿＿＿＿＿＿＿元

房貸（房租） ＿＿＿＿＿＿＿＿＿＿＿元

水電瓦斯 ＿＿＿＿＿＿＿＿＿＿＿元

通訊費 ＿＿＿＿＿＿＿＿＿＿＿元

雜支（日用品） ＿＿＿＿＿＿＿＿＿＿＿元

＿＿＿＿＿＿＿＿＿＿＿元

＿＿＿＿＿＿＿＿＿＿＿元

＿＿＿＿＿＿＿＿＿＿＿元

＿＿＿＿＿＿＿＿＿＿＿元

＿＿＿＿＿＿＿＿＿＿＿元

＿＿＿＿＿＿＿＿＿＿＿元

＿＿＿＿＿＿＿＿＿＿＿元

本月共需＿＿＿＿＿＿＿＿元

關於 A、B 帳戶的檢討

寫下你可能會不小心花過頭的時間點和原因，並且寫下解決方法，每個月底檢查。

第 1 週

是否有達成

第 2 週

是否有達成

第 3 週

是否有達成

第 4 週

是否有達成

本月 B 帳戶是否超支？超支多少？請在下個月補回_____

關於 A 帳戶月計畫

月計畫 _____年_____月

在月初時，就將你的日常消費預估值寫下來。

伙食費 _____元

交通費 _____元

治裝費 _____元

房貸（房租） _____元

水電瓦斯 _____元

通訊費 _____元

雜支（日用品） _____元

_____元

_____元

_____元

_____元

_____元

_____元

_____元

本月共需_____元

關於 A、B 帳戶的檢討

寫下你可能會不小心花過頭的時間點和原因，並且寫下解決方法，每個月底檢查。

第 1 週

是否有達成

第 2 週

是否有達成

第 3 週

是否有達成

第 4 週

是否有達成

本月 B 帳戶是否超支？超支多少？請在下個月補回＿＿＿＿＿＿

關於 A 帳戶月計畫

月計畫 _____ 年 _____ 月

在月初時，就將你的日常消費預估值寫下來。

伙食費　　　　　　　_____ 元

交通費　　　　　　　_____ 元

治裝費　　　　　　　_____ 元

房貸（房租）　　　　_____ 元

水電瓦斯　　　　　　_____ 元

通訊費　　　　　　　_____ 元

雜支（日用品）　　　_____ 元

　　　　　　　　　　_____ 元

　　　　　　　　　　_____ 元

　　　　　　　　　　_____ 元

　　　　　　　　　　_____ 元

　　　　　　　　　　_____ 元

　　　　　　　　　　_____ 元

　　　　　　　　　　_____ 元

　　　　　　　　　　本月共需_____ 元

關於 A、B 帳戶的檢討

寫下你可能會不小心花過頭的時間點和原因，並且寫下解決方法，每個月底檢查。

第 1 週

是否有達成

第 2 週

是否有達成

第 3 週

是否有達成

第 4 週

是否有達成

本月 B 帳戶是否超支？超支多少？請在下個月補回_____

關於 A 帳戶月計畫

月計畫 _____年_____月

在月初時，就將你的日常消費預估值寫下來。

伙食費	_____元
交通費	_____元
治裝費	_____元
房貸（房租）	_____元
水電瓦斯	_____元
通訊費	_____元
雜支（日用品）	_____元
	_____元
	_____元
	_____元
	_____元
	_____元
	_____元
	_____元

本月共需_____元

關於 A、B 帳戶的檢討

寫下你可能會不小心花過頭的時間點和原因，並且寫下解決方法，每個月底檢查。

第 1 週

是否有達成

第 2 週

是否有達成

第 3 週

是否有達成

第 4 週

是否有達成

本月 B 帳戶是否超支？超支多少？請在下個月補回_____

關於 A 帳戶月計畫

月計畫 _____年_____月

在月初時，就將你的日常消費預估值寫下來。

伙食費 _____元
交通費 _____元
治裝費 _____元
房貸（房租） _____元
水電瓦斯 _____元
通訊費 _____元
雜支（日用品） _____元
_____元
_____元
_____元
_____元
_____元
_____元
_____元

本月共需_____元

關於 A、B 帳戶的檢討

寫下你可能會不小心花過頭的時間點和原因，並且寫下解決方法，每個月底檢查。

第 1 週

是否有達成

第 2 週

是否有達成

第 3 週

是否有達成

第 4 週

是否有達成

本月 B 帳戶是否超支？超支多少？請在下個月補回＿＿＿＿

突擊！帳戶檢查日！！

本次檢查日：＿＿年＿＿月＿＿日

A 帳戶的錢，每個月都足夠嗎？

⚪是→很好

⚪否→請重新審視，你是否預留太少資金？

　　　請重新回去看 A 帳戶的計畫

改善計畫：＿＿＿＿＿＿＿＿＿＿＿＿＿＿＿＿

B 帳戶的錢，是否有超過目標的花費？

⚪是→很好

⚪否→是否該對那些花費做取捨？

　　　請重新回去看 B 帳戶的計畫

改善計畫：＿＿＿＿＿＿＿＿＿＿＿＿＿＿＿＿

C 帳戶的錢，是否都有確實投入？

⚪是→很好

⚪否→是否因為 A 跟 B 帳戶不夠而動用到 C 帳戶呢？

改善計畫：＿＿＿＿＿＿＿＿＿＿＿＿＿＿＿＿